울 엄니 시집가는 날

울 엄니 시집가는 날

초판 1쇄 발행 2024년 11월 11일

지은이 김종옥
펴낸이 장현수
펴낸곳 메이킹북스
출판등록 제 2019-000010호

디자인 이승훈
편집 이정아
교정 강인영
마케팅 김소형

주소 서울특별시 구로구 경인로 661, 핀포인트타워 912-914호
전화 02-2135-5086
팩스 02-2135-5087
이메일 making_books@naver.com
홈페이지 www.makingbooks.co.kr

ISBN 979-11-6791-615-0(03810)
값 14,000원

ⓒ 김종옥 2024 Printed in Korea

잘못된 책은 구입하신 곳에서 바꾸어 드립니다.
이 책의 전부 또는 일부 내용을 재사용하려면 사전에 저작권자와 펴낸곳의 동의를 받아야 합니다.

홈페이지 바로가기

메이킹북스는 저자님의 소중한 투고 원고를 기다립니다.
출간에 대한 관심이 있으신 분은 making_books@naver.com로 보내 주세요.

울 엄니 시집가는 날

김종옥

추천사

시를 읽으며 동서양이 만나 과거와 현재가 부딪치며 파생된 언어의 미적 감각을 치열하고 절절하게 풀어 집을 지었음을 감지할 수 있었다.

〈울 엄니 시집가는 날〉은 4부로 촘촘하게 묶어 시집이라는 언어의 건축물을 관대하게 짓고 김종옥 시인은 독자를 만나려 한다.

가족의 구성에서 어머니(엄니)는 생명의 모태로 일찍이 노·장자 사상이 문화로 형성된 사회의 일상이 시인의 관습과 토속적 언어로 그려져 있음을 엿볼 수 있으며, 동학의 창시자 수운 최제우 선생이 설파한 자재연원(自在淵源) 내 속에 연못의 근원이 있다 즉 '모든 생명의 원천은 자기 내면에 있다'는 것을 실천하는 생활을 시편을 통해 다가갈 것이다.

문학은 메타포(metaphor)라고 아리스토텔레스가 말했듯 비유와 상징으로 점철된 시적 감흥과 기독교적 가치관을 통해 인간성 회복을 추구하고 있는 시인의 담대한 가치관을 만나 볼 수 있을 것이다. 아울러 4부 '한국의 매카시즘'에서는 이 땅의 민족성 회복과 역사 바로 세우기를 위해 사회적 문제를 형상화해 언어로 발현하고 다독여 상생의 길을 모색하려는 김종옥 시인의 외침을 간과해서는 안 될 것이다.

남선현(시인, 고흥작가회장)

시인의 말

무위당 장일순 선생님께서 '한 알의 나락 속에 우주'라
말씀하신 것처럼 한 권의 책 속에도 온 우주 만물이
깃들어 있다

올해 가을
쪽빛 하늘은 좀 달리 보이는가 싶다
남원 혼불문학관 돌아오며
'엄결'(엄숙하고 정결한)과
'물 끝'이란 말 붙잡고
시가 그러해야 함을 생각했노니,

이 땅의 모든 엄니
아부지 형제자매
그리고 어여쁜 울 누나
여동생들 가슴속에

시 한 구절 실어 보낸다

이 시가
물 끝 따라 모든 생명에게
새로운 기운을
조금이라도 줄 수 있기를…

2024. 가을

김종옥

차 례

추천사 ·············· 4
시인의 말 ················ 6

◆ 1부 고향

울 엄니 시집가는 날 ········ 12
동지죽 ························ 16
새알심 ························ 18
내 고향 바구배기 ············ 20
바구배기 모퉁이 밭 ········ 22
고향 이민자 ················· 24
고추 사랑 ···················· 26
부부 금실 ···················· 28
농투산이 ······················ 29
시 익어 가는 마을 ·········· 31
눈썹달 ························ 33
홍시 하나 ···················· 34
여름 땡볕 ···················· 36

◆ 2부 성지 순례기

싯딤나무
 - 광야의 모티브 ··········· 40

사심 없는 바람 ············· 42
하늘로 가는 길
 - 지구라트 계단식 피라미드 44
모스크의 달 ················· 45
시내산의 별 ················· 47
사람 없는 길 ················ 50
피라미드 아래서 ··········· 51
신이 되고 싶은 인간 ········ 52
낙타 길 ······················ 54
자존심 팔지 않는 사람들 ··· 55
편안한 죽음 ················· 56
예루살렘 새벽 4시 ········ 58
한국 햇살 맛 ················ 60

◆ 3부 꽃 - 민족혼

보름달 아래 흰 꽃 ··········· 64
밤에 피는 꽃 ················ 66
앉은뱅이꽃 ··················· 68
호박꽃 ························ 69
분꽃 ··························· 70
찔레꽃 ························ 72
자운영 ························ 73

탱자꽃 ······ 74	작은 사과의 꿈 ······ 104
보리꽃 ······ 75	아내 울음소리 ······ 106
사과꽃 ······ 76	말귀 물약 ······ 108
감자꽃 ······ 77	아궁이 한 가족 ······ 109
고추꽃 ······ 78	개밥바라기 별 ······ 110
해바라기 ······ 79	매화 일생 ······ 112
수선화 ······ 80	연꽃 피는 교회 ······ 113
꽃비 ······ 81	아기별 여행 ······ 114
선인장	능금나무 ······ 116
- 총포에 꽃들이 피길 ······ 82	허허 ······ 117
밤꽃 ······ 83	꽃똥 ······ 118
홍매화 ······ 84	제발 냅둬라 ······ 120
	거대한 붓산 ······ 122

◆ 4부 한국의 매카시즘

한국의 매카시즘 ······ 88
하늘 열린 날 ······ 90
사람 하나 만나고 싶어라 ··· 92
도깨비 장마 ······ 94
세발 낙지족 ······ 96
별밤지기 ······ 98
팔영산 ······ 100
이팝 사랑 ······ 102

해설

고향심상(故鄕心想)과
우환의식(憂患意識) ······ 124

1부

고향

울 엄니 시집가는 날

 광양 백운산 백계동 거닐게 할머니 곁에 묻어두라 유언하신 울 엄니 하늘나라에 시집가는 날 나 홀로 추석마다 둥근달 바라보겠지 이제 나 죽거들랑 홀로 외롭게 사신 할머니 곁에 묻어두렴 동백나무 숲에 조용히 묻어주렴 그리고 한가지 나 죽는 날 나 하늘나라 시집가는 날인께 너무 울들 말아라잉 얄궂게 살아온 내 인생 한번 풀어 볼랑께 들어 봐라 아들아 나 요로케 시집왔다

 느그 아부지 노름 막는다고 머리 쥐어뜯기고 시멘트 바닥에 머리 짓이겼을 때 낫 들고 죽인다고 달라들 땐 그래 같이 죽자 함시롱 너네들 키워왔다 새벽마다 기도하러 다니고 집안일에 지쳐 교회당 가는 나를 두고 전도사랑 바람났냐 함시롱 온갖 험한 욕을 다했지야 어느 날 예배드리고 있는데 솥단지 지게로 지고 오더니 교회당 마당에 내려놓고 너 여기서 살아라. 교회가 그리 좋냐

여기서 먹고 살아라 교인들은 속으로 웃지도 울지도 못한 진풍경에 난 몸 둘 바를 몰랐다

  아하 그때 어린 자식 명섭이 한 아들 남겨두고 일찍 떠난 서방님 뒤로하고 아들 들쳐 업고, 홀 엄니 모시며 평생 살려고 백계동으로 들어갔지야 호되게 쫓겨나서 새시로 성가롤로 앞 동네 바구배기(상비) 마을로 시집와, 삼 형제 낳고 배다른 세 형제를 홀로 키우며 남의 택호로 살았다 느그 아부지는 술과 노름으로 가산 다 탕진하고 도저히 살 수 없었다 일본 큰아부지에게 살려 달라 애원해 2년 동안 철공소로 보내 놓았더니, 얼마나 욕을 허시던지 몸서리난다 매봉 동네 길목 모퉁이 밭을 나 혼자 쟁기질하며 밭고랑을 일궜다 여순 반란군과 민간인이 집단 학살된 반송쟁이(주령골) 아래 논 닷 마지기 추수해서 나락을 죄다 짊어 나르며 살았다

  이젠 90세 되어 거동 겨우겨우 하시지만 아직 정신은 총총한 울 엄니 가족 요양사로 주말마다 드나드는 아들

에게 한여름 삼복더위 야이 시원허게 등목 좀 쳐주라 등 내어주신다 한 아들 가슴에 안고 여섯 자식 멕이려고 살아온 세월의 무게 평생 논밭 일만 하시다 닳아버린 등허리 너무 굽어버렸다 엄니요 등허리가 많이도 굽었소 여태 몰랐어라 우리나라 산맥 같은 등허리 잊어 보려니 너무 힘겹다 자식새끼들 살리겠다고 피땀 흘림시롱 일하다봉께 요로코롬 되야 부렀다 밭고랑 뫼 등처럼 골골이 깊이 굽어진 내 몸 인자 갈 날이 멀지 않구나

살이 달라붙어 소 등가죽처럼 되야 부렸소잉

낙락장송 소나무 같던 옛 시절

휘휘 늘어진 수양버들보다 약하게 되얐네요

백운산 동백골에서 놀던 때 그립지라

엄니 새시로 시집가는 날

할머니랑 백계동 동백나무 아래

고요히 꽃 치며 노니시도록 잘 모셔 드릴게요

동지죽

1988년 올림픽 열기가 뜨거울 때
강원도 인제군 원통리 12사단 12연대 5대대 2중대
이등병 아들 첫 휴가 나왔다
철부지 아들 어머니에게 부탁하였다
엄니 울 부대에 가서 같이 묵게 팥죽 좀 쒀주시오 잉
울 어무닌 아들내미 강청에 못 이긴대끼
노란 냄비 5킬로들이 두 통 가득 팥죽을 쑤어 주셨다

크리스마스 캐럴송 강원도 골짝에도 들릴 때
동지죽 들고 이등병 산타 노릇
7시간 기차 타고 버스 타고 부대 복귀하였다
허벌나게 멋진 성탄절 난생 첨 군대에서 먹어본 동지죽
온 부대원들 고향 생각 맛있다

25년 전 먹었던 동지죽 해마다 동짓날만 되면

어릴 적 장독대 싱건지 시원한 맛

부대에서 먹던 새알심 되살아난다

거센 눈보라 휘날리며 꽁꽁 얼어붙은 시절

엄니가 쑤어준 따뜻한 팥죽

밤새 내린 하얀 눈 위에 보름달보다 환하던 동지죽

새알심

아랫집 아짐 온종일 엉덩이 깔고
뭉그적뭉그적 팥을
언덕빼기 나무 밑 빼꼼한 틈마다 집어넣더니
쉰 날 만에 먹는다는 쉬나리팥죽
시루떡 고물 같은 팥 나오면
식어도 맛난 쉬나리팥죽
새대가리 까치머리팥도 추려본다
사람 성질 닮았나
어떤 건 보들보들 어떤 건 삐들삐들
또 어떤 건 맛이 찐허고
어떤 건 밋밋해 물리지 않는다

어떤 놈 짤막하면서도 단단허고
어떤 놈 푸대허면서 널널허고
어떤 놈 작디작아도 쫀득쫀득 땅글땅글하다

어떤 놈은 달라붙지 않아 좋고
어떤 놈은 착 달라붙어 좋다

같은 팥도 지역 따라 다르듯
사람도 그렇다
다들 나름 맛깔스러운

인생살이 붉디붉은 정

큰아들 작은아들 모두 한 그릇
딸내미 손주 손녀들이랑 새알심 빚는다
할머니 새알심 빚으며 이건 누구 붕알
붕알 붕알 빚는다
손주 녀석 따라서
이건 가장 작은 내 붕알

내 고향 바구배기

죽음의 바다 용솟음쳐
생명의 바윗돌 굳세게 세운다

온몸 바다에 던져 생명의 화신으로
되살아난 평온한 바다

온갖 꽃 피어난다
바위섬 위 바위틈 아래 소나무 꽃핀다

바람을 기다리지 말자
바람 불면 바람 타고 가고
비 오면 빗속을 헤치고 가자

난 비바람 맞고 천년만년
살아가는 바윗돌 온 섬을 감싸 안듯

바윗돌 거대한 우주 감싸는 기운 덩이
나는 그저 천만년을 한곳에
나고 자라 죽어간다
이곳에서 영원히

나 이곳 마을에서 나고 자랐다
해룡면 복성리 바구배기

바구배기 모퉁이 밭

난 고향 바구배기를 떠났다
바구배기 모퉁이 밭 70여 평 남은 밭떼기
울 엄니 살아생전 함께 일궜던 밭이다
매실나무 걷어 내고 감나무 석류나무 앵두나무
몇 그루 심고 빈 땅에 콩을 심었다
호랑이 콩을 심었다

사막 가운데 물줄기 내려 콩 하나 길러 본다
이곳에도 사람 사는 마을이 되겠지

사막 가운데 나무 하나 심어 놓으면
이곳에도 사람들이 쉬러 오겠지
사막 가운데 눈물로 씨앗 하나 뿌린다

한 사람 그리워
사람나무 하나 심어 본다
저 멀리서
그 언제인가 사람 하나 걸어오겠지

이곳이 전에는 콩밭인지 우리들이 놀았던
뒷동산인지 모르는 새로 입주한 휴 아파트 주민들
어느 곳인들 애환과 눈물 없는 곳 없듯이
저절로 된 열매 없더라
피땀 없이 거둘 수 없더라

고향 이민자

내 자식 네 자식 모두 함께 한 둥지에 살아간다
뻐꾸기 둥지 두견이 알 까듯이 함께 살아왔다
서울에서 이사 온 딸과 손자 손녀
남이 아닌데도 남같이 느껴진다
귀먹쟁이 아빠 왠지 손자 손녀들이 밉다

도회지로 나가더니 지쳐 돌아와
제 둥지 찾아왔건만
버려진 시골집 내 집 내 고향이라도
영 내키지 않는 부모와 자식 간의 영역 다툼

그냥 풍세 따라 농사짓고
씨앗을 뿌릴 때 거둘 때를 잘 맞춰
순리 따라 살아왔다
시골살림 이젠 되는대로 호박밭에 호박잎 따 먹고

거저 고구마 순 따서 무쳐 먹고 되는대로 살아왔다
그런데 이젠 아니다

장마 틈에 풀들이 난리 나듯
손자 손녀라도
반갑지 않은 손님 같아지니 세상사 인심 요상하다
환상의 고향
시골로 유학 온다는 말 같지도 않은 말
50여 년 살아 봐도 소멸 위기 이길 재간 없다
농어촌은 바보처럼 살아야 잘 사는 것이다

도둑고양이
덥석 뱁새 낚아채더니 새끼들에게 물고 사라진다

고추 사랑

나락들 황금물결 춤추고
소슬바람 저녁노을 발갛게 물들고
고추잠자리 고추나무 위에 앉았다

온 세상 풍요로운 가을
노란 고추씨 한 개
빠끔히 눈 내밀며 세상 구경 나선다

족족들이 풀잎 옷
나풀나풀 푸르다

푸른 몸 푸른 머리 여름 잘 익혀 둔
새빨간 속살 당당히 드러낸다

입 터지도록 붉은 입맞춤
저 멀리 저녁노을 지고
낯부끄러운 아저씨는
달 그리매 속에 숨는다

부부 금실

물에 불린 콩 삶아
메주를 만든다

요리조리 두드리면서
예쁜 마음

잘 띄워 발효되는 금실
하얗게 고운 분 뜨면

항아리에 담가 두고
두어 달 기다린다

정월 된장

보글보글
구수하게 끓어 넘친다

농투산이

썼다 지웠다 수만 번 수백 번
맥없이 살았다

봄날
들판 가시밭길
산 꽃 핀 줄 모르고

여름 내내
따사로운 햇살 지워가며
이름 모르게 살았다

가실 날
발자취 하나
남김없이
흘러

한겨울

눈길에 잘못 찍힌 발자국

지워대며

들꽃 향

쏴 하니 몰려온 줄도 모르고

허망하니 살았다

그래도 감옥살이

보담 편하게 살았다

시 익어 가는 마을

감 익듯 시 익어 가는 마을

꼬부랑 할머니 꼬부랑길 어떻게 넘어갔나
무심코 부른 노래에도 눈물겹다
농부가나 한 자락 불러 볼까
오뉴월이 당도하면 우리 농부들
패랭이 꼭지에다 패랭이꽃 꽂고
마구잽이 춤이나 추어보자
어럴럴럴 상사디여 얼씨구 절씨구 지화자 좋네
한바탕 대동놀이 농부님들 사라지고
홀로 흥얼흥얼

매구 치고 농사짓고
모롱이 돌아들어 농군들 물 따라 강 따라
어깨춤 덩실덩실

막걸리 한 사발 보름달도 알싸하게 취한다

가난한 춘궁기 난리도 만나고
전염병에다 돌림병도 겪고
식민지 살이 인생 자체 산 역사다
짚 추리듯 그렇게 추린 인생
새끼 꼬고 이엉 엮고 짚신 삼고 가마니 짜고
덕석 매고 걸판지게 살아온 울 아부지 엄니들
이젠 허리는 다 굽고
힘도 없고 기운도 없어
얼럴러 상사디여라 노랫가락 춤도 못 춘다

그래도 보릿대 초랭이춤
도깨비 헛춤이라도 추면서
죽는 날까지 시처럼 살다 가자

거룩한 농투산이 이 땅의 시인 농부여

눈썹달

아침 새벽녘 감나무 사이로
비파나무 중간 매화나무 사이로
손톱만큼 눈썹 초승달 떠 있다

어여쁜 애인의 가슴팍 같은 산들 눈에 들어온다

배꽃, 매화향기 머금은 미소
감꽃 떨구고 붉어진 홍시 같은 볼
별처럼 빛나는 눈동자 은하수 목덜미로 흐른다

보일랑 말랑 속눈썹 속으로 숨어든
팽팽하던 얼굴이 잔주름 푸른 물결 일어나고
아, 청순함 수줍음은 붉은 샘처럼 타오른다

모두 낮달 되어 달랑달랑 따라간다
딸내미처럼 따라가다
큰 달 속으로 숨어든다

홍시 하나

나는 홍시 아내에게 시 한 수 바친다
홍시 떨어지면 땅 밥 가만 두면 까치밥
홍시 한 개 가만가만 매달아 둔다
찬 겨울 서리 내린 후
홍시 하나 그대로 두고 나면
저 나무 감나무인가 보다 그제서야
아내도 그렇다

딸 둘 길러 서울로 양평으로 보낸 후
앙상한 겨울 가지에 까치 같은 누군가
찾아와 주길 바랄 뿐
어느 누구 반겨오지 않는다

나 여기 있네
앙상한 가지만 남기고 떨어진 홍시

떨어지고야
이제 세상 구경 나설까

이집트 사막도 건너 보고
사막 나라 망고랑 바나나 먹으면서
해변을 거닐고
마른 망고같이 감말랭이 씹어대며
자잘한 인생사 달콤함에 잠겨 보자
오늘도 홍시 하나 입에 물고
세계 여행 꿈꾸는 아내

감나무에 내린 찬 서리
스르르 녹는다

여름 땡볕

여름 땡볕 가뭇하게 익어 갈수록
통한의 세월 가벼워진다

마늘종다리같이 비틀어진 몸
퍽퍽하게 황토 흙 날리고
턱까지 숨 차오른다

거룩한 땀 기운으로 곡식들 눈 뜨고
열매 맺어 가을 양식 된다

어김없이 다가온 파종
마늘밭 다 헤집고 뒤집어
콩세알 넣으니 콩고물 같이
보드라운 흙이 꾸물꾸물

어느덧 여름 볕 저녁별로 시원해진다
땡볕에 그을린 몸
불구덩이 같은 몸 다디달게 익어 가면
별들 노랫소리 맞춰
풀벌레들과 함께 춤이나 춰야겠다

2부

성지 순례기

싯딤나무 - 광야의 모티브

광야가 아름다운 것은 무엇인가
사막은 오아시스로 아름답다
광야는 한 그루 나무 때문에 아름답다
광야 가운데 한 그루 나무를 찾아보라

사막을 가다가
잠시 멈추고 하늘을 쳐다보라
그러면 한 아이가 다가올 것이다

아무 것도 없는 광야 가운데 한 그루
나무를 발견하거든 그 밑을 보라
뿌리를 보라
뿌리가 하는 말을 잘 들어보라
잠깐 동안

광야 가운데 살아갈 방법이 있노라
광야 가운데 심겨진 한 그루 나무

싯딤나무
그는 광야 여행 성지 순례의 모티브

사심 없는 바람

뿌린 대로 거둔다
자신을 볼 줄 아는 눈을 가진 자 행복하다

사심 없는 바람 가진 자 행복하다
보기를 원하지 않아도 본 대로 보이느니
특히 자신을 볼 줄 아는 자 더욱 행복하다

나 자신을 사랑하는 길을 좀 넓게 보자
나를 사랑하는 길
사랑이 나를 살린다 누구든 나로 생각하고
사랑하며 살면 참으로 행복하다

힘들 때일수록 자신보다 남을 위해 일하는 자
착한 눈이 못 보는 걸 보게 하니
얼마나 좋으랴

사랑하면 이웃들 보이느니 행복하여라

못 보는 자는 보게 하고

본다는 자는 소경이라 하셨다

하늘로 가는 길 - 지구라트 계단식 피라미드

하늘 길은 계단이 없다는데
여긴 계단이 있다
하루하루 한 계단씩 올라갈 길

하루아침에
훌쩍 뛰어넘어갈 순 없다
힘들면 쉬었다 가면 된다

가다 못 가면 돌아갈 수도 있지만
뒤돌아가려 하면
멀리 와 있는 게 인생살이

하늘로 가는 길 한참 가야 한다

모스크의 달

유목인의 삶의 상징
모스크 성당 초승달처럼 작은 달
둥글둥글한 세상
크고 환하게 웃지 않는
수줍음 같다

사람은 콧숨에 불과
수에 칠 가치도 없다

아침을 깨우는 참새 소리가 우릴 밝힌다

한 그루 종려나무
새벽빛
저녁노을
신선한 바람
시원한 물줄기

가소롭다
한 줌 재에 불과한 인생아

시내산의 별

 오늘은 2004년 4월 26일 목요일 새벽 일찍 일어났다 모두 서둘러 산에 오른다 낙타도 한몫한다 누구는 낙타로 올라가고 누구는 두 발로 가고 어둠 헤치고 올라가는 새벽길 저 하늘 위 북두칠성 카시오페이아 북극성이 우릴 내려다본다 은하수도 보인다 유목인들의 고난과 함께 자유도 느껴본다

 하늘을 이불 삼고 돌을 베개 삼으며 살았던 유목인들의 고단함을 잠시나마 느껴 본다 좀 힘들다 싶으면 다리 쉼도 하면서, 바위에 허리를 쫙 펴 기대보고 허리춤도 달래가며 서서히 올라간다 새벽하늘이 아주 예쁘다

 출애굽 여정 순례길의 최고인 시내산 우리들의 마음 샛별로 환히 비쳐온다 모세가 받은 십계명을 생각한다 나도 모세의 조그만 바위굴에 들어가 기도한다 "하나님

이곳에서 나도 한 말씀만 주십시오. 안 주시면 내려가지 않겠나이다" 간절하게 기도를 올리는데 내 가슴 속에 이런 음성이 들린다

    너희 백성의 고통을 내가 똑똑히 보았다
    나는 너를 사랑한다
    너의 백성을 사랑한다
    이웃을 사랑하라

기도를 마치니, 해가 떠오른다 정상까지 함께 올라온 아이가 짐을 들어준다며 원 달러 원 달러 애원한다 그냥 사진이나 같이 찍자면서 어깨를 감싸줬다 사진 한 컷을 남겼다 낙타꾼 베두인인 그 아이는 13살 초등학교 졸업하고 중학생 아이였다 그 애 이름은 무사라 했다 무사에게 난 2달러를 주었다 그냥 공짜로 받으면 안 된다면서 가방을 극구 들어줬다 무사야 모세처럼 훌륭한 지도자가 되라 기도해 주고 한달음에 시내산을 내려왔다

오는 길에 휴게실에서 외국인과 라면을 나눠 먹었다 위 아 더 패밀리 우린 한 가족 외국인들과 정다운 인사 나누면서 사탕도 나눴다 '코리아 캔디'에 한국인의 정서를 극구 칭찬해 준다 인생의 여정 가운데 고통은 나누면 반 기쁨을 나누면 배가 된다더니 사탕 한 알 라면 한 수저 이런 기쁨도 선사받았다.

사람 없는 길

사람 없는 거리에선 길 잃을 염려가 없다
오히려 사람이 많다 보니 사람이 길에 치인다
사람이 주인인 길에서 난 사람을 잃었다

길 잃고 한참 헤맨 후
길 잃어버린 나 자신에게
사람 길을 하나 찾아준다

길 잃어버린 나
나를 찾았는데 길의 주인은 잃었다
머리가 꼬리에 달려 있다
길 잃어버린 사람만 그 심정을 안다
비아 돌로로사에서 주인 잃은 여인의 심정을
조금이라도 알듯

피라미드 아래서

누가 저 높은 장벽을
하늘 높이 쌓아 올렸나

누가 저 땅을
하늘에 올려 보냈나

하늘을 땅에 내려놓았다
하늘이 땅속에 묻혀졌다

강물 위
조그마한 나뭇잎
조용히 흘러간다

하늘 길 가뿐히
날아가는 한 마리 새

너희는 풀과 같고
아침 이슬 같은 인생

신이 되고 싶은 인간

아브라함이 아들을 잡아 죽이려 한다
아이 대신 숫양을 죽여
신은 아들을 살렸다

유럽의 절반을 죽인 지배 권력
국가 권력이 어린이들을 죽였다
모든 아이들을 죽이라는 대책 없는 신명

묘하게 한 아이가 그 와중에도
기적적으로 살아났다

불멸을 꿈꾸는 인간
미이라를 만들고
피라미드를 만든다
참으로 어리석다

잔디밭에 한 끼
점심만도 못하다

정치 경제를 벗어난 시골
하스몬 왕조의 투쟁의 역사 갈릴리

비아 돌로로사 통곡의 벽을 지나
잔디밭에 앉아
점심 한 그릇 퍼먹는다

마지막 투쟁 므깃도를 향하는 길에
잠시 제 먹을 것 제가 챙겨 먹는다

낙타 길

낙타 무릎 꿇고 큰 문으로 들어간다

낙타는 천리길 만리길도 간다
사람들이 못 가는 길
낙타는 간다

겨울에도
여름에도 페트라의 낙타
시내산의 낙타 길
폼페이의 낙타 길

나는 어디로 가나
누구 하나 보아주는 이 없다

자존심 팔지 않는 사람들

 한참을 내려오는데 베두인들이 양을 몰고 가는 진풍경이 벌어져 가이드 목사님께서 차를 멈추고 사진 촬영하게 도와주었다 감사 표시로 베두인 목동에게 몇 달러를 주라고 하여 사진 좀 부탁하마고 달러를 내밀었더니 기어코 받지 않는다 아이들에게 눈치를 주니 아이들도 아버지 엄한 표정에 꼼짝 않고 돈을 받지 않는다 양들만 쳐다본다 결국 돈은 필요 없으니 사진만 찍으려면 찍으라 한다 요리조리 폼을 잡고 사진을 찍었다 가이드는 이런 일이 보기 드물다면서 의아해한다 아버지의 굳센 의지가 너무 멋져 보인다 정답게 사진 찍고 돌아가는 그들에게 손사래질로 인사해 준다

 춤추듯 신명 난 모습으로 한 바퀴 빙 돌면서 인사한다
 특유한 유목인의 멋
 아이들이랑 아내 여섯 식구 유유히 양 떼를 몰고
 광야길을 걸어간다

편안한 죽음

드디어 느보산에 도착했다
둥근 수레바퀴 같은 문이 턱 버티고 서 있다
문을 열면 하늘 길 열려
하늘로 들어간다

많은 영웅들이 문기둥에 새겨져 있다
모세는 그중 한 인물일 뿐
모두가 이뤄낸 거대한 민중들의 뿌리 이동
느보산에 서니 헬몬산도 단도 보인다

흘러가는 물
보내지 않는 것이 없고
맞아들이지 않는 것도 없다
무너뜨림 없이
흘러 흘러간다

모든 건 변화를 겪게 될 터
죽어서 환히 열린 하늘 길

두 마리 뱀이 서로 물고 도는 문양
모스크 사원의 상징도 뱀
모세의 지팡이 상징도 뱀

모세는 느보산에서 생을 마감했다
자신 속에 변화의 씨가 있다
새롭게 여호수아 그 뒤를 이어가고

장대 뱀 너머
팔 벌려 죽은 예수 그리스도처럼
그도 양팔을 벌리고 편안히 누웠다

예루살렘 새벽 4시

새벽 4시 이스라엘 예루살렘 호텔 방
잠이 오지 않는다
고단한 성지 순례 일정
호텔 창가를 내다보니
이스라엘 청년들
막노동 나가는 채비하고 있다

새벽차 기다리며 담배를 피운다
다른 청년들은 자전거 트레킹을 떠난다

밤마실 나온 초승달이 흐릿해진다
아침 햇살이 방 안에 들어오고 있다

거울 속에 비친 나의 모습을 본다
거울에 핀 꽃은 진짜 꽃이 아닐진대

너무 창밖의 풍경에 놀라지 말자

남 얼굴에 비춰 보는 얼굴
그저 나의 마음 빛에 거울 삼자

헤르몬산에서 흘러 갈릴리를 적시는 물

만국 사람 먹여 살리는 사람들
물과 바람 그리고 어부들
민초들의 삶
우리 한국이나 무엇이 다를까 싶다

한국 햇살 맛

한국 햇살 참 맛나다

중동 사막의 햇살 맛 매콤하여
마늘밭 추수하며 내리쬐던 햇살 맛 그리웠다

성지 순례 동안 일주일 내내 똥꽃 혈변만 누었다
무리한데다 에어컨 바람 때문에 감기로 시달렸다
중동 사막에서 감기라니
웬 고생인지 모르겠다

성지 순례 다녀온 후 콩밭 지심 매려고 들어갔다
밭 기운에 감기가 확 나았다

사해 바닷물 맛 참 짜더라
내 몸에서 난 땀맛 참 달다
내 집 앞 텃밭에서 맛보는
고향 햇살 참 맛나다

3부

꽃 - 민족혼

보름달 아래 흰 꽃

과거가 햇살에 배면 역사 달빛에 물들면 신화*
대보름 달빛에 물든 하얀 영혼들
햇살에 사그라지지 않으려 푸른 몸 입었다

짚 추리고, 이엉 엮고, 새끼 꼬아 초가삼간
지붕 해 이은 가난한 시골집 감나무 타고 올라간 박넝쿨
흰 달 천지 가득하다

달빛 아래 박꽃 등 켜들면 저 멀리 울 엄니
새 시대 일으킬 새로운 인물 한들한들 넘어온다
새롭게 열린 얼굴들
환히 햇살 안고 푸른 낭군들 달려오면
익은 큰 박 잘 타 저 바다에 띄워놓고 달 놀이 가자꾸나

강물 푸르게 열려 바닷속 길도 환히 빛날 적에

피의 역사는 꿈같은 현실로 피어나

푸른 달빛 신화로 되살아난다

누가 역사를 쥐고 있느냐에 따라

붉은 태양이 열리는 역사가 되기도 하고

흰 달 같은 신화가 되느니

오늘도 나는 대보름 달빛 아래 흰 박꽃을 보며

누가 역사의 주인인가 가늠해 본다

* 에드워드 베르의 글에서 차용

밤에 피는 꽃

겨자씨만 한 믿음으로 난 몸
저녁부터 아침까지 돌아다닌다
우공이산(愚公移山)*

너무 많아도 탈 너무 적어도 탈
가난한 자에겐 필요한 녹두장군
부자들 것 거둬 아침 나누는 허기진 홍길동

발 굴려 덤벙 그릇 항아리 만든
한국의 간디들
오늘도 물레는 돌아간다

부자 가난한 자 할 것 없이
우리 땅에 도둑들
거미줄 치려 할 때 줄줄이 목 쳐댔다

가난한 자의 벗

이순신 안중근 까만 거미 머리 잡았다

저녁 해그름부터

밤에 피는 꽃

새벽 밝힌다

* 우공이산(愚公移山): 어리석은 영감이 산을 옮긴다는 뜻으로, 어떤 일이든 꾸준하게 열심히 하면 반드시 이룰 수 있음을 이르는 말.

앉은뱅이꽃

하찮다 별 볼 일 없다
그래서 더욱
아름답다

하늘엔 별꽃
땅엔 거름꽃

별 볼 일 없어
편안하게
바람 타고
자유로운
작은 햇살로
어깨춤 덩실덩실

호박꽃

손 뻗을 수 있다면
어디든 감고 올라가라
하늘 끝 땅끝까지

아침엔 제일 먼저 환히
손 활짝 펴고
저녁엔 황혼의 농부들
땀 식혀주고

스스럼없이
드러냄 없이
편하게
손 맞잡은 꽃 손

후광이 더 빛나고
약으로 쓰여서
좋은

호박꽃향 아름답다

분꽃

안개 걷으며 부스스 깨어난 아침
새벽 기도 마치고 돌아오는데
교회당 조그만 텃밭 바윗돌 틈바귀에
올라온 분꽃들
고사리손 합장 아침노을 붉어진다

장마 지나고
삼복 무더위 기승부린다
아침 일찍 풀 베고 오는 엄니 아부지
열 식혀 주려 씽긋씽긋 미소 짓는다

오므렸다 폈다
기도하는 고사리손 마디
신랑 맞이하는 신부의 어여쁜 얼굴
꽃분 향기 가득하다

늙으신 울 엄니 얼굴

오색 빛 무지개 손주 손녀 피어나고

참새 한 마리

까만 희망 물고 온 봄

바위틈에 똑 떨어져 여름 익혀 둔다

찔레꽃

처절하게
순수하게
하얀 순정

깨끗하게
피어

깨끗이
가다

자운영

꽃반지 하나로 족해
논에 핀 거름

난 핏빛 거름
넌 하얀 양식

온 생명
기꺼이 내어 주련다

탱자꽃

자기 몸엔 가시
온 세상
흰 쌀밥

고봉 한 그릇
퍼 담아 주다

오가는 길손
모두 배부르다

보리꽃

행복한 떨림

삘리리 삐리 삐리

포근한 소리 향 삘리리 삘리

나는야

배고픈 너에게

배부른 노랫가락

나그네 인생

하늘가락

닐리리 닐리

바람 따라

냇물 따라

삘리리 삘리

사과꽃

아기 궁댕이
발갛게 피어 물들었다
몽골 반점
엄마 입술엔 하얀 웃음

달빛 아래 피어난
두 쪽 미소

확 쪼개
한 몸
둘로
나누다

두 궁댕이
한 얼굴
피어나다

감자꽃

영원한 중용의 맛
너무 달지도 짜지도 않게
두 맛 다 아우르다

하얀 꽃 하얀 감자
보라 꽃 보라 감자
빨간 꽃 빨간 감자

꽃에 맞춰
알알이 색 들다
중용으로

고추꽃

시원하고 매운 향

맴돌다

사랑 먹은 맴

달고나

미움 먹은 맴

매웁고나

한결같은 맴

시원하다

해바라기

온 세상 노오래진다
돈에 사랑에 물든 세상

사랑이 물들면 붉은 해도
한풀 꺾여 땅속 들어가

노오란 얼굴 속
까만 마음
점 점
별 같다

수선화

난
물 속
향기로만
피었다

넌
몸속
물로만
피어라

꽃비

온 천지에 꽃비 내린다

소화 테레사 기도할 때
하늘에서 꽃비 내려
모든 사람들 살린다
나 오늘 간절히 기도한다

꽃비만 내려
이 세상 더 이상
아픔이 없길

선인장 - 총포에 꽃들이 피길

상처가 깊을수록 향기가 진하다

모든 꽃 지천에 피는데
유독 사막에 피는 하얀 꽃

백린탄 꽃 와락 쏟아져 인간
나무들 다 태워 버린다

장미 말하길
붉은 사랑이라면 어디든 다 쏟아대길

선인장 대꾸하길
가시나무 원수도 한 몸 한 꽃 돼 살아가길

이젠 그만
총포에서 꽃들만 피어나길

밤꽃

아기 밤송이
방어가 필요 없는 풋풋한 몸

청년 밤송이
폭풍우 비바람 모진 고생 끝
단단한 몸

어른 밤송이
기다리고 기다려 가슴 열어
익은 몸

주는 사랑
받는 정

홍매화

어떤 물로도 끌 수 없는 사랑의 꽃
추운 겨울 다 이기고 피어났다

아름다운 사랑 나의 누이여
붉게 잘 익은 계절 고고하다

온 세상 태우고도 남을 사랑의 꽃

내 입은 좋은 포도 향기 같고
내 맘은 화창한 들꽃 향주머니

살구 순처럼 순수하고 고운 임이여
동백보다 붉은 사랑
영원히 끌 수 없는 나의 사랑이여

4부

한국의 매카시즘

한국의 매카시즘

　보성 삼베랑 이찬식 장인께서 시퍼렇게 멍든 가슴속 응어리 넋두리 풀어내신다

　온 정신이 하늘로 날아가 버린 듯 멍해진당께 갈수록 무거워진 몸 삼베옷처럼 튼실한 실오라기 종이옷처럼 얇아도 고래 심줄보다 찔긴 게 인생인지 모르것당께 나비마냥 가벼워야 쓴디, 속 씨언허면 좋을 건디, 따숩고 폭신폭신 살면 좋것는디, 영 맴이 쓰려 못 살 것으라 아부지 5살 때 여의고 얼굴도 모른디 의사 선상님은 한 장남은 아부지 사진 계속 보고 생각허면 빙이 심해 여순을 생각지 말라 흔디 우짤까 모르것으라

　보고도 못 본대끼 해야 쓰고 알아도 모른대끼 허야 쓴당께라 먼 놈의 시상 와 그런가 모르것으라 연좌제 고것 땜시롱 요렇코롬 보성서 삼베 대마쟁이로 살아간 것이 일평생이 되어 뿌럿으라 베틀 위에 북 간 거 맹키로 달이

가고 해가 가는디 맴이 항상 씨려 오는 건 무신 빙인지 모르것으라 한 시상 모질게 살았제라 뭣 땜시 서로 직이고 그런지 몰랐지라 빨갱이 죄악이라 험시롱 죄다 잡아 죽였는디 쥑인 놈은 없고 죽은 사람만 있당게 말이 돼요

  하늘도 차마 눈 뜨고 못 보고 피 밭은 땅도 물라라 흔지 70여 년 지난 시상이 돼부럿네요 좌익 빨갱이 물들었다 무답시 허벌나게 조심허고 쥐 죽은 듯 살았지라 눈 감고 귀 막고 살아온 시상이었지라 골로 간다 바른말 허면 옆구리 총 들어온다는 말 많이 들었어라 아무리 작은 목숨도 하찮게 여겨선 안 되는데 죄 없는 목숨들 무답시 다 쥑여서야 쓰것소 죽어서라도 울 아부지 한 번만 봤으면 여한이 없겠서라

---

* 매카시즘: 1950~1954년 미국을 휩쓴 반공산주의(反共産主義). 또는 그와 관련되는 일련의 사상, 언론, 정치 활동의 탄압.

하늘 열린 날

새벽 3시경 오줌 누러 마당가 매화나무 밑에 서니
붉고 푸른빛 감도는 별들이 보인다

세상엔 사람 빛깔
땅 위엔 불 빛깔
바다엔 물 빛깔
하늘엔 별 빛깔

외로운 별들 붙박여 이 밤 총총 빛난다
쌍둥이별 나란히 어깨동무 사수별
누굴 향해 큐피드 날리나
어둠이 점점 붉어진다
새벽녘 아무도 몰래 붉고 파아란 밤하늘 밝혀온다

봄에는 초롱초롱 연둣빛 내고

여름엔 푸르다 못해 붉은 빛 내더니

가을날엔 쪽빛 하늘처럼 파랗게 수놓은 별 동무들

한겨울 크리스마스 밤 더욱 별 형제들 길 밝혀

따숩다 못해 까만 밤 하얗게 빛낸다

빛깔 다양한 세상 어둔 하늘 별빛 반짝거림

되비춘 땅 위 빛깔들 완연한 밤

하늘 빛깔

땅 빛깔

바다 빛깔

까만 빛 허연 밤

까맣게 새벽 붉어온다

난 새까만 세상

새하얗게만 살아왔다는

새빨간 거짓말에 여태 속고 살았다

사람 하나 만나고 싶어라

큰 사람이든 작은 사람이든 몰라
한 사람 익어 떨어지면 또 한 사람
남는다

여름 지나고 가을되면
열매 익어 거둬 저장하듯
그런 한 사람 걷었음 좋겠다

새봄에 새싹 튀여 나온다
오늘도 한 사람
진정 진실한 한 사람
다시 만나 새롭게 살아가고 싶다

한 사람 익어
또 한 사람

인생 답 없다

무답시 왔다

맥없이 가는 인생

무조건 나

그런 사람

되리라

도깨비 장마

낮도깨비 때를 알 수 없다
갑자기 집중호우 게릴라성 폭우
항상 미리미리 준비한다 해도
끝 모른 채 채비 못한 채 갑자기 오는
깜짝 손님

낮에도 도깨비 놀이
낮도깨비들 밤낮없이 놀아댄다
날씨도 지 맘대로
미쳐 가는 날

맘대로 밤을 낮으로 바꿔
불 밝히고 휘황찬란하게 놀아나던 세상
낮 동안 밤새워 비가 한없이 오더니
한밤중에도 대낮에도 200미리 300미리

폭우가 쏟아진다

열대성 폭염 보이지 않는
살인마
온 지구를 벌겋게 달군다

온 지구가
낮도깨비판이다

세발 낙지족

도도한 문명의 파고에 휩싸이지 않고
꿋꿋이 갯벌 지켜온 세발 낙지족
하루에 두 번 들었다 나가는 생
우린 그저 컴컴한
갯벌집을 세우며 살았다

새벽녘 갑자기
문어족 포크레인을 동원하더니
머리통에 원자탄급 허연 불꽃 튕기며
영역 다툼 쌈판이 벌어졌다

푸른 피 흘리면서
까만 갯벌 속 숨어들었다

저 섬마을 명주네 할머니는

그런 줄도 모르고 물 나는 날이면 망태기 짊어지고
세발 낙지족 숨구멍 찾아 갯벌에 나서지만
아무리 삽질 호맹이질 해대도
나올 법한 세발 낙지는 한 마리도 안 보인다

그해 겨울부터는 갯벌이 땡땡 얼어붙더니
소금도 안 나오는 갱바닥으로 변했고
그 바닥에 비행기장이 들어섰다

가끔씩 어른들 심심하면 영화에서처럼
오징어 게임 하면서 돈놀이 실컷 벌렸다

별밤지기

오늘도 북 하나 둘러매고 당산나무 아래 정자에 앉아
판소리 한 장단 풀어 볼까나
저절로 나오는 인생 풀이 한풀이 흥얼흥얼
서럽다 못해 절규 한없이 가냘프게 떨려와
하늘의 별들도 깜빡깜빡 놀래 파르르 떤다

밤하늘에 별을 세면서
긴긴 밤 구름에 달 가듯 그렇게 한가했던
이제는 별밤지기도 사라지고 등대지기도 없다

오라이 오라이 갑시당
경운기 털털털 뱃고동 소리 붕붕붕
밭에 쟁기질 소리 철퍼덕 철퍽
손 모내기 여이 여 건너요 건너
어이 어이 예

모 찌는 소리 사라졌다
이리저리 새 쫓던 소리도 없어졌다

판소리 한바탕 들으며
사나흘 가던 여유로움도 없어졌다
상엿소리 밤새워 들었던 철도 사라졌다
이제는 풍어 소리도 농악 소리도
늦은 장단 소리도 없어지고
다들 빨리 돌아가는 세상

별을 헤던 밤도 없어져 가고
AI가 별도 세워주는 세대로 변해 간다
별밤지기 그리워진다
토끼가 달나라 방아 찧는 소리
춘양 이도령 단옷날
그네 뛰는 풋내도
견우직녀 만난 까마귀 까치들 놓던 오작교
노랫소리도 별밤지기도 사라졌다

팔영산

팔영산 뒷자락 산 그리매 드리우면
당당하던 거인도 그림자처럼 힘없이 드러눕는다
밤새도록 시원한 밤마실
아침 구름 떠오르면
햇노을 아저씨 얼굴 새빨갛게 타오른다

운무 휘감겨 올라가 하늘 끝자락 구름
두둥실 떠오르면
철옹성 같은 바위 팔봉은 의연하다

팔영산 열두 그림자 드리우는 밤
산짐승들
공명하듯 속울음 우우 울어댄다
임란 장수들 넋인가
여순 때 죽어간 파르티잔들의 넋소리인가

다시 올 새 세상 용사들의 행진 소리인가

팔영산 여덟 봉우리
돌들이 다 내려와 마을마다 수호신으로
미동도 않고 서 있는 천년바위만
마을을 지키고 있다

이팝 사랑

배고픔과 설움을 달래주는 꽃
천년 밥풀 되어 하얗게 낮밤을 밝힌다

다음 생에 시집가거들랑
쌀로 밥 짓지 말고 구름비로 밥 지여
하늘 아래 두둥실 꽃등타고 살려무나
하얀 고봉으로 가득 담긴 꽃밥 위에
온갖 벌 나비 그리운 임과 함께 천년만년

고추 따는 남녘 고추밭 아낙네도
꼬막 캐는 벌교 갯벌 아낙네도
밥풀 일어 술 만들어 먹고
고추 먹고 맴맴 달래 먹고 맴맴 아짐도

5월이 오면 어김없이

밥풀나무 흐드러지게 피어난다

이 땅에 태어나
순종과 복종만이 미덕인 시절
새색시들 배고픔과 설움보다
무시당한 한의 노래 들어보라
며느리밥풀꽃 한 맺힌 노랫소리

전쟁에 죽은 자보다
남성들로 죽어간 여성들 많았노라
사랑 아닌 사랑 노래

작은 사과의 꿈

작은 사과
너무 작아 먹을 수가 없네
은은하고 청순한 그대
붉은 피로 맺혔다

마음 하나 강건해 바위산만큼 크다
그저 먹을 것만 구하지 말라
이루는 꿈만 꿈이랴
당대에 이루지 못하더라도
한참 후대에 지는 바람들

이제는 작은 꿈 하나도 버릴 수 없으니
죽어서도 이뤄지는 꿈 있으니
금방 살아 바로 이뤄지지 않는다
서러워 말자

너무 작게 살아 미안타

곱디고운

애절한 사과의 꿈

가슴 속 깊이 되살아나다

아내 울음소리

아내가 처음으로 우는 날 나는 온몸 무너졌다 아내가 온몸 흐느끼며 속울음 터져 나와 엉엉 울어버린 날, 난 어깨와 다리 온몸이 껍데기만 남은 허물마냥 흐물흐물 무너졌다 비바람 모질게 불어와도 어미 닭은 새끼를 품고 나오지 않더니, 새끼가 태어나면 어느 누구도 두렵지 않고, 적들과 생사 결투 치열하게 싸우며 새끼들 지키는 암탉

비바람 천둥 번개 우르르 꽝꽝 쳐대는 날 땅도 들썩들썩 찌르르 진동하고 바다도 요동칠 때, 땅 위의 조그만 새들 바다의 고기들은 자식들을 철저히 보호하려 안으로 안으로 숨어든다 날벼락 같은 눈물바다 속에도 온 눈물 다 삼켜내며 바다를 지키는 작은 고래 새끼 지키러 온 어미 고래

비바람 천둥 번개 다 멈추고 언제 그랬냐는 듯 화창한 아침에 활짝 웃는 아내의 얼굴을 보니 그래도 다시 세운다 새 아침 새 바람 불어 새롭게 새 맘 새 몸 곧추세워야 한다 무너졌던 몸 다시 치열하게 일으킨다

  밤새도록 자식을 지키려 온몸 피투성이 되도록 싸우다 지친 아내의 얼굴
  볼 낯짝 세우려 나도 다시 일어선다 눈물 바람 제대로 세례받는 아침

말귀 물약

남의 말에 내 맘 긁히지 않도록
미리 맘에 유약을 칠하자
마음에 상처 덧나지 않도록
미리 미리 밴드를 단단히 붙이자
남 상처에
나의 마음 베이지 않도록
마음에 유약을 칠해 두자

남의 말에 내 맘 베이지 않도록
흙탕물 맘속 진흙 발라 연꽃 피우자
연꽃 물처럼 또르르 흘러 보내자

남 생채기 말에 내 맘 베이지 않도록
칼날보다 무서운 마음
잘 연마해 갈아 두자

아궁이 한 가족

콩대 태워 콩 삶으니
솥 안에 콩이 울고

완두콩대 태워
완두콩 삶으니
솥 안에 완두콩
외돌아 논다

영등바람 일어
바람 죽 삶자
솥 안에 빠진 선문대 할망
허연 이 드러내 화들짝 웃네

한 배 속에서 나온 것들
서로 볶아대며
왜 죽이려 하느냐고

개밥바라기 별

 밥 먹기 위해 개 발바닥 닳을 틈 없이 그렇게 밤낮으로 다녔다. 새벽별 보고 나가 저녁 개밥바라기 별 보고 들어왔다 시골 생활이나 도시 생활이나 여전히 별 하나 보지 못하고 살아왔던 세월 며느리 까만 가지 못 따먹게 얼른 해지면 개밥 주러 나간 저 아애 등 뒤 새 별이 떠오른다

 별 바라기 별밤 지기 저 멀리 북두칠성 선명해지고, 카시오페아 모두 점점 밝게 떠오르면 나도 별나라 나들이 간다 별 아래 살아가는 무지렁이 농부님 어부님들의 몸말 하나 낚으려 하늘 바다에 낚시 던져 놓고 밤마실 나간다

 엊그제나 오늘이나 죽어라 일만 하고 죽을 시간도 없이 눈코 뜰 새 없이 밤낮없이 숨 쉴 틈도 없이 언 발에 오

줌 누기 바쁘게 바쁘게 살다 부싯돌에 별똥별 튕기듯 아침에 피었다 저녁에 얼른 저버리는 별꽃무리 별똥별 아침 이슬 무지개 반짝이듯 살아간다 동가식서가숙 찰라 속에 영원 억겁 천년만년 하루처럼 살아간다 그렇게 별똥별 하나 지고 있다

매화 일생

겨울 아침 눈뜨면
봄바람의 입맞춤 뜨거웠다
때론
별빛에 추위를 달래고
온몸 감싸 안은 달빛무리
이불 삼았다

아침 햇살에
밤새 덮은 이불 털어내고
이슬방울 반짝 반짝

온몸 흰 꽃 붉은 꽃 피어
푸르게 익어간다

하지만
매화꽃 어데 팔아먹고
나는 몸만 녹여 놓았을까

연꽃 피는 교회

교회당 십자가 아래
진흙탕 속
무지갯빛 붉게 떠오른다

농군들 붉게 깨우고
저녁놀 갯마을 물들인다

연꽃 같은 큰 얼굴
밝고 붉게 물들였다

십자가 꼭대기 밑
세상과 교회 경계
연꽃 환하게 폈다

나 죽고 없어져도
연꽃 속
새 꿈 하나 살아 있는
그이가 있다

아기별 여행

달나라 영하 233도 너무 추운 아기별
지구별 그리워 풍덩 아침 햇님 아저씨 따라 내려왔다
날마다 눈 깜박이지 못하고 잠 못 드는 지구별 사람들
괜히 그리워했나 싶다 지구별 너무 뜨겁고 힘들다
아침저녁 시원할 만한데도 쉼 없이 달아오른다
몇 달 동안 바다에 풍덩 바닷속에 잠겨 봐도 뜨겁다

달나라보다 지구별이 갈수록 뿌옇고
어둑어둑 미세먼지투성이다
열대야로 콜록콜록 머리가 띵
달나라 엄마 그립기만 하다 쓸쓸해 보이는 지구별
뜨겁기만 하고 외롭다

가까울수록 더욱 뜨거운 지구별 사람들
아기별 고향으로 돌아가기로 다짐했다

사람 없는 곳

저 멀리 떨어져 살기로 했다

아기별 잠시 뜨거워진 지구별 여행 마치고

달 엄니 나라 돌아갔다

이제 두 번 다시 지구별엔 오지 않으련다

능금나무

능금나무 한 그루 가슴속 깊이 심었다
흰 달빛 아래 붉은 꽃 필 때
능금나무 아래 낭군 만난다

두방산 아래 산 뻐꾹 동네 다 울리고
산비둘기 꾸륵 꾸륵 집 떠난 짝 부를 때
하얀 그리움으로 지샌 날

능금 꽃 떨어지고
빨간 능금
사랑하는 그대 붉게 타오른다

허허

땅은 아무리 파헤치고 박살내도
그저 묵묵히 받아들일 뿐

바다는 더러운 것들 보내더라도
그저 묵묵히 받아들일 뿐

하늘도 공기를 오염시키며
뿌옇게 숨막히게 해도 묵묵부답

인간들 아무리 못된 짓을 해도
더할 나위 없이 하느님은
허허

꽃똥

나주 내동골 안동네 언저리 바람벽
달빛 따라 바람 숭숭 들어오는 허름한 집
뒤안 화장실 뒷일보다 밤하늘 올려보니
수없는 별똥들 별밭에 떨어지고
별똥 우러르며
가만가만 꽃똥 누는 꿈꿔 본 적 있다

페루 구아노 새들 거름 길 만들고
히말라야 라다크 마을 야크 똥집 만든다
사람들 바다 하늘 길 땅 길 다니며
꽃들 잡아먹는 탄소길 만든다

날짐승 길짐승 별똥 밭 별똥 꽃 피우고
고기들 바닷속 산호초꽃 피울 때
사람들 개펄 소금밭 조그만 꽃 똥

갯지렁이 밭 질겅질겅 밟힌다

질기디 질긴 뿌리
처박혀 있던 똥꽃
저만치 똥산 하나
우뚝 밀어 올린다

제발 냅둬라

하늘 씨앗들 스스로 나온다
언 땅 바위 뚫고 비바람 이겨낸
이 땅의 아들딸들
우리 강산 푸른 혼을
니네들 함부로 파헤치지 말라

간디는 한순간 물레 돌리며
인도를 떠나라 영국 놈들아
외쳤지

니네들 땅으로 돌아가라
남북 한 핏줄 한 형제
찢어 놓지 말고
우리끼리 정다웁게 살아가도록
제발 냅둬라 냅둬

시집와서 살아온 90 평생
온몸 짓밟혀 찢어질 때로 찢기고
무너진 몸
이 몸 새시로 시집가는 날
한마디 하고 싶다

우리 땅 우리가 지켜 가련다
우리끼리 잘 살아가련다
암 염려 말고
제발 너네들 땅
느그 집으로 돌아가거라

느그 부모
형제들하고나 잘 살거라

거대한 붓산

한 몸 두 동강
갈기갈기 피투성이
보랏빛 붓꽃되어 피어나다
백두 금강에서 제주 한라
구례 지리산 광양 백운산 등허리
가야 유민 60만 피맺힌 여정
새야 새야 동박새야 동백꽃에 앉지 마라
동백꽃이 떨어지면 동백 엄마 울고 간다
천지 흔들흔들
설운 울음 삼켜댄
온 산하 어깨 들썩
두견이 울음 섧고 섧다
엄니 아부지 어데로 데려 갔나
녹두꽃의 파랑새
여수 동백 동박새
시든 장미밭 부용산 타올라
노오란 산수유 밭 지날 적
하얀 구름 머문 백운 타고
회문산 환한 달빛되어
최후의 결전 벌렸던

파르티잔 보랏빛 영혼들
여수 영취산 철쭉향
순천 봉화산 장대다리 붉은꽃
구례 지리산 피아골
붉은 핏물 흐른다
푸른 동박새야 우지 마라
아무 말없이
순한 물결 따라
하늘 순리 타고
갯가 논밭에 살아온
여수 순천 사람들
정 도탑고 두텁게
산 철새 텃새들
가슴속 흑두루미
비바람 천둥
애기철쭉
애기동백들 안고
77듦 팔순 구순 100듦
거대한 붓산
제주 한라산 광주 무등
어무니 두방산에 누워 있다
한 소년이 맨발로
오늘도 피맺힌 산골 산골마다
동박새 파랑새 되어
울 엄니 아부지 찾아 나선다

해설
고향심상(故鄕心想)과
우환의식(憂患意識)

정홍순 시인

 서정적인 시들과 혁신적 기교로 많은 소비에트 시인들에게 영향을 준 마야코프스키는 "자신을 표현할 수밖에 없는 수단이 오로지 시뿐일 때 펜을 잡아야 한다"고 하였다. 마야코프스키의 말처럼 김종옥 시인이 유일한 수단으로 삼은 시는 질박하다. 세련되고 화려한 언술들이 아니라 토속적이고 향토적인 질감 넘치는 언어를 통해서 삶의 세계를 관조하고, 구도적 실체를 함께 실현해 나가고자 하는 추동적인 힘이 배어 있다.

 또한 단순한 비관적 정서에 머무르지 아니하고, 정보나 제공하는 정감 어린 시에 빠지지 않으며, 구호적인 담론을 붙들고 응원을 바라는 시에 서 있지 않다는 것이 김종옥의 시를 읽은 솔직한 고백이다. 그의 시가 축을 이루고 있는 고향 심상(image)과 우환의식(憂患意識)이 〈시인의 말〉에서 밝히고 있는 물 끝처럼 어디까지 밀고 가는지 따라가 보고자 한다.

김종옥의 고향은 해룡면 상비마을 '바구배기'다. 바구배기는 큰 바위가 일직선으로 삼태성(三太星)처럼 박혀 있는 데서 유래하였고, 마을을 지켜주는 수호신이라 믿고 있는 곳이다. 이러한 공간적 배경을 이루고 있는 고향에 대하여 시인은 "난 고향 바구배기를 떠났다"는 상실감으로부터 고향을 적고 있다.

> 난 고향 바구배기를 떠났다
> 바구배기 모퉁이 밭 70여 평 남은 밭떼기
> 울 엄니 살아생전 함께 일궜던 밭이다
> 매실나무 걷어 내고 감나무 석류나무 앵두나무
> 몇 그루 심고 빈 땅에 콩을 심었다
> 호랑이 콩을 심었다
>   - 〈바구배기 모퉁이 밭〉 부분

늙으신 어머니와 70여 평 일군 밭에 "감나무 석류나

무 앵두나무"와 "호랑이 콩"을 심어두고 왜 그는 고향을 떠났다고 말하는가. 고향이 그를 버린 것이 아니라 "그 언제인가 사람 하나 걸어오겠지"(《바구배기 모퉁이 밭》)라는 희망을 심어두고 떠난 고향은 어머니를 중심으로 한 여성들의 4대 가족사가 가슴 아픈 역사를 품고 흐르고 있기 때문이다.

백계동의 할머니(외할머니), 백계동의 할머니로부터 모질게 외면당하고 바구배기로 재가한 어머니, 시인의 아내, 서울과 양평으로 떠난 두 딸에게 이어지는 가족사가 중심을 이루고 있는 가운데 표제시(標題詩) 〈울 엄니 시집가는 날〉은 유교의 우환의식(道德的 責任)이 짙게 깔린 아들 선호사상이나, 남성의 부재 혹은 폭력으로 나타난 현실 속에서 어머니의 한 많은 일생이 그려지고 있다.

아하 그때 어린 자식 명섭이 한 아들 남겨두고 일찍 떠난 서방님 뒤로하고 아들 들쳐 업고 홀 엄니 모시며 평생 살려고 백계동으로 들어갔지야 호되게 쫓겨나서 새시로 성가롤로 앞 동네 바구배기

(상비)마을로 시집와 삼 형제 낳고 배다른 세 형제를 홀로 키우며 남의 택호로 살았다 느그 아부지는 술과 노름으로 가산 다 탕진하고 도저히 살 수 없어 일본 큰아부지에게 살려 달라 애원해 2년 동안 철공소로 보내 놓았더니 얼마나 욕을 하시던지 몸서리난다 매봉 동네 길목 모퉁이 밭을 나 혼자 쟁기질하며 밭고랑을 일궜다 여순 반란군과 민간인이 집단 학살된 반송쟁이(주령골) 아래 논 닷마지기 추수해서 나락을 죄다 짊어 나르며 살았다
- 〈울 엄니 시집가는 날〉 부분

어머니는 첫 결혼에서 사별의 아픔을 겪는다. 아들과 함께 친정, 백계동으로 돌아왔지만 친정어머니는 당신의 한을 대물림할 수 없다는 단호한 처사로 바구배기로 재가시키는데 아들 "명섭"을 두고 떠나야 했던 상처는 정체성도 없이 남의 "택호"를 쓰며 살아야 한 어머니의 비운의 세월이기도 하다. 아버지는 "술과 노름으로 가산 다 탕진"한 "몸서리나는" 가장이었다. 어머니 홀로 감당해야 했던 노동과 "자식새끼들 살리겠다"(〈울 엄니 시집가는 날〉)고 살아온 바구배기를 시인은 어머니 돌보는 일로 가끔 찾아가지만 폭력으로부터 자유롭지 못한 당

사자이며, 폭력(폭언)의 주체자로서 갈등을 어떻게 해결해야 할 것인지를 모색하고 있기 때문에 고향을 떠났다고 바구배기를 술회하고 있다.

아내가 처음으로 우는 날 나는 온몸 무너졌다 아내가 온몸 흐느끼며 속울음 터져 나와 엉엉 울어버린 날, 난 어깨와 다리 온몸이 껍데기만 남은 허물마냥 흐물흐물 무너졌다 비바람 모질게 불어와도 어미 닭은 새끼를 품고 나오지 않더니, 새끼가 태어나면 어느 누구도 두렵지 않고, 적들과 생사 결투 치열하게 싸우며 새끼들 지키는 암탉

비바람 천둥 번개 우르르 꽝꽝 쳐대는 날 땅도 들썩들썩 찌르르 진동하고 바다도 요동칠 때, 땅 위의 조그만 새들 바다의 고기들은 자식들을 철저히 보호하려 안으로 안으로 숨어든다 날벼락 같은 눈물바다 속에도 온 눈물 다 삼켜내며 바다를 지키는 작은 고래 새끼 지키러 온 어미 고래

비바람 천둥 번개 다 멈추고 언제 그랬냐는 듯 화창한 아침에 활짝 웃는 아내의 얼굴을 보니 그래도 다시 세운다 새 아침 새 바람 불어 새롭게 새 맘 새 몸 곧추세워야 한다 무너졌던 몸 다시 치열하게 일으킨다

밤새도록 자식을 지키려 온몸 피투성이 되도록 싸우다 지친 아내의 얼굴

볼 낯짝 세우려 나도 다시 일어선다 눈물 바람 제대로 세례받는 아침

- 〈아내 울음소리〉 전문

시인의 아내는 "새끼를 지키는 암탉"이고 "고래 새끼 지키러 온 어미 고래"다. 시인의 어머니처럼 새끼를 키우고 지키는 모성이 가득한 어미지만 시어머니가 그랬던 것처럼 왜 울고 있는가. 그리고 그 울음 앞에서 "온몸이 껍데기만 남은 허물마냥 흐물흐물 무너진" 시인의 상태는 무엇인가. 폭력적인 언사와 태도에서 발아된 아내의 분노가 "밤새도록" 울음으로 표출되었다. 시인은 아내에게 면목이 없어졌다. "눈물 바람"이야말로 영혼을 씻고, 폭력에서부터 새롭게 태어나는 아침을 맞게 된 것이다. 흔히 세례(baptism)를 '죄를 씻는다'고 말하지만 '물들다'라는 의미도 있다. 시인은 아내의 눈물에 물들었다. 눈물 또한 인성의 물 끝이 되어 시인의 가슴과 가정을 다시 일으키는 카타르시스(catharsis)가 되고 있는 것

이다. 3대에 걸친 고향에 대한 서사와는 다르게 "환상의 고향"을 통해 소멸되고 있는 안타까움은 〈고향 이민자〉에서 4대로 이어지는 다른 이미지가 그려지고 있다.

> 그냥 풍세 따라 농사짓고
> 씨앗을 뿌릴 때 거둘 때를 잘 맞춰
> 순리 따라 살아왔다
> 시골 살림 이젠 되는대로 호박밭에 호박잎 따 먹고
> 거저 고구마 순 따서 무쳐 먹고 되는대로 살아왔다
> 그런데 이젠 아니다
>
> 장마 틈에 풀들이 난리 나듯
> 손자 손녀라도
> 반갑지 않은 손님 같아지니 세상사 인심 요상하다
> 환상의 고향
> 시골로 유학 온다는 말 같지도 않은 말
> 50여 년 살아 봐도 소멸 위기를 이길 재간 없다
> 농어촌은 바보처럼 살아야 잘 사는 것이다
> - 〈고향 이민자〉 부분

시인은 소멸하는 고향 위기의식 가운데 "바보처럼 살

아야 잘 사는 것이다"는 능청스런 대안을 제시하고 있지만 도덕적 책임의식 속에서 치유될 수 있는 천명(天命)을 따르지 못하고 사는 현실이 매우 안타까운 것이다. "손자 손녀라도/반갑지 않은 손님 같아지니 세상사 인심 요상하다"고 주저 없이 드러내 놓고 있다.

이제 김종옥은 시안(詩眼)을 확장하여 구도의 길을 떠나고 있다. 성지 순례를 통한 출애굽 여정을 따라 아내와 함께 세계 여행길에 오르게 된 것이다. 이 길은 약속의 길이다. 어머니의 "광양 백운산 백계동 거늘게 할머니 곁에 묻어두라"(《울 엄니 시집가는 날》)는 유언과 모세가 죽음을 맞이한 느보산에 오르는 것은 하늘나라를 향한 동일한 여정이 중첩되어 나타나고 있다.

　드디어 느보산에 도착했다
　둥근 수레바퀴 같은 문이 턱 버티고 서 있다
　문을 열면 하늘길 열려
　하늘로 들어간다

　많은 영웅들이 문기둥에 새겨져 있다

모세는 그중 한 인물일 뿐
모두가 이뤄낸 거대한 민중들의 뿌리 이동
느보산에 서니 헬몬산도 단도 보인다

흘러가는 물
보내지 않는 것이 없고
맞아들이지 않는 것도 없다
무너뜨림 없이
흘러 흘러간다
모든 건 변화를 겪게 될 터
죽어서 환히 열린 하늘 길

두 마리 뱀이 서로 물고 도는 문양
모스크 사원의 상징도 뱀
모세의 지팡이 상징도 뱀

모세는 느보산에서 생을 마감했다
자신 속에 변화의 씨가 있다
새롭게 여호수아 그 뒤를 이어가고

장대 뱀 너머
팔 벌려 죽은 예수 그리스도처럼

그도 양팔을 벌리고 편안히 누웠다

- 〈편안한 죽음〉 전문

느보산에 올라 분명히 시인이 모세의 죽음을 통해 말하게 된 것은 "죽어서 환히 열린 하늘 길"이다. 어머니가 "열린 하늘 길"로 가시는 날 백운산 백계동에 모셔드리마 한 약속과 모세의 죽음 속에서는 단순한 죽음으로 끝나는 산 자와 죽은 자의 종말을 의미하지 않는다. 산 자와 죽은 자를 위한 축제의식 속에서 "변화의 씨"가 탄생하는 결합, 즉 어머니의 죽음은 "시집가는 날"의 결혼이며, 모세의 죽음은 "새롭게 여호수아가 그 뒤를 이어가"는 "편안함"이 내재되어 있는 "변화를 겪게 될 터"인 것으로 연결되고 있다.

이처럼 이 순례의 길은 과거를 기억해보는 성스런 여정으로만 만족하고 있지 않다. "불멸을 꿈꾸는 인간"(〈신이 되고 싶은 인간〉)과 "사람이 주인인 길에서" 오히려 "길 잃어버린 나"(〈사람 없는 길〉)를 발견하고 당황하고 있는 시인은 "나는 어디로 가나"(〈낙타 길〉) 자문하게 되었고, 두렵거나 혐오적인 삶의 군상들로 생각하고 있던 베두인들을 만나 오히려 정상성이 비정상성에 있었다는 것을 깨닫게 되면서 또 하나의 삶의 방식을 광야에서 얻게 된다.

> 춤추듯 신명 난 모습으로 한 바퀴 빙 돌면서 인사한다
> 특유한 유목인의 멋
> 아이들이랑 아내 여섯 식구 유유히 양 떼를 몰고
> 광야길을 걸어간다
> - 〈자존심 팔지 않는 사람들〉 부분

베두인들과의 만남은 잠깐 사진 찍는 시간뿐이었지만 "특유한 유목인의 멋"을 발견하게 되었다. 작별 인사인 "춤추듯 신명 난 모습으로 한 바퀴 빙 돌던 그들에게서 자존심을 단 몇 푼의 돈으로 거래하고 살지 않는 의연한 광야의 사람들"과의 의식이 내 가족에게로 투사되고 있다면 억지스럽다고 말하겠는가. 시인은 "유유히 양 떼를 몰고 광야길을 걸어가는" 저들과 헤르몬산에서 흘러 갈릴리를 적시는 물줄기(물 끝)에서 민초들의 삶을 읽는다.

헤르몬산에서 흘러 갈릴리를 적시는 물

만국 사람 먹여 살리는 사람들
물과 바람 그리고 어부들
민초들의 삶
우리 한국이나 무엇이 다를까 싶다
- 〈예루살렘 새벽 4시〉 부분

  김종옥은 민초들의 삶에 지대한 관심을 가지고 함께 실천하며 살고자 하는 시인이다. 작은 마을 어촌과 농촌에서 그가 할 수 있는 행동하는 양심으로 헌신하고 있는 예수의 제자이기도 하다. 갈릴리 사람들, "물과 바람 그리고 어부들"을 보면서 "우리 한국이나 무엇이 다를까 싶다"는 고진한 삶을 "민초들의 삶"이라 단순히 치부해 버리지 않는다. 깊은 잠을 자지 못하고 깨어나 삶의 현장을 직접 보게 되었고 인력시장을 전전하는 젊은이들을 보면서 그는 마음이 편치 않은 것이다.

  그래서 김종옥은 북을 메고 장단을 치며 소리를 놓아 대동하는 일에 일가(一家)를 이루어 가고 있다. 꽃의 연

작시〈꽃 - 민족혼〉를 통해 그의 가락이 한층 더 피어나고 있기 때문이다.

> 오늘도 북 하나 둘러매고 당산나무 아래 정자에 앉아
> 판소리 한 장단 풀어 볼까나
> 저절로 나오는 인생 풀이 한풀이 흥얼흥얼
> 서럽다 못해 절규 한없이 가냘프게 떨려와
> 하늘의 별들도 깜빡깜빡 놀래 파르르 떤다
> - 〈별밤지기〉 부분

시인이 풀어보는 판소리는 "하늘의 별들도 깜빡깜빡 놀래 파르르 떠"는 "한풀이"고 "절규"이며 "인생풀이"다. 이러한 장단에 피는 꽃들은 〈농투산이〉들의 밭과 들에 흔히 있는 지천의 것들이다. 들꽃을 따로 말하지 않더라도 민초에 다름 아닌 〈박꽃〉, 〈앉은뱅이꽃〉, 〈호박꽃〉, 〈분꽃〉, 〈찔레꽃〉, 〈자운영〉, 〈탱자꽃〉, 〈보리꽃〉 등 시인이 농사하며 가꾸는 터전에서 피는 꽃들이다. 토종인 것들도 있고 귀화식물로 자리 잡은 것들도 있지만 그가 꿈꾸는 꽃에서 민족혼을 읽는 것은 값지고 즐거운 일이다.

그 가운데 〈분꽃〉이 눈에 들어온다.

안개 걷으며 부스스 깨어난 아침
새벽 기도 마치고 돌아오는데
교회당 조그만 텃밭 바윗돌 틈바귀에
올라온 분꽃들
고사리손 합장 아침노을 붉어진다

장마 지나고
삼복 무더위 기승부린다
아침 일찍 풀 베고 오는 엄마 아부지
열 식혜 주려 씽긋씽긋 미소 짓는다

오므렸다 폈다
기도하는 고사리손 마디
신랑 맞이하는 신부의 어여쁜 얼굴
꽃분 향기 가득하다

늙으신 울 엄니 얼굴
오색 빛 무지개 손주 손녀 피어나고
참새 한 마리
까만 희망 물고 온 봄

바위틈에 똑 떨어져 여름 익혀 둔다

- 〈분꽃〉 전문

아침에 피었다 저녁에 꽃잎을 오므리는 분꽃은 혼자 피고 있지 않다. 아침을 붉게 물들이며 기도하는 "고사리손"이며 "풀 베고 오는 엄니 아부지/열 식혀 주려"는 "씽긋씽긋"한 "미소"이고, "늙으신 울 엄니 얼굴" 속에서 피어나는 "오색 무지개 손주 손녀"이다. 이 분꽃 까만 씨 하나를 물고 온 "참새 한 마리"는 희망이라는 "봄"을 물고 와 "여름 익혀 둔" 혼불과도 같은 꽃이다. 작은 씨앗 하나에서 자라 사람의 혼을 담는 꽃을 두고 시인은 "신부의 어여쁜 얼굴"에서 "꽃분 향기"도 맡아내고 있다.

이제 시인은 꽃의 향연에서 삼가 "꽃비"를 받는다. 시인만이 받을 수 있는 계시가 아닐까. 하나님은 시인을 통해 계시하신다는 말처럼 말이다.

온 천지에 꽃비 내린다

소화 테레사 기도할 때

하늘에서 꽃비 내려

모든 사람들 살린다

나도 오늘 간절히 기도한다

꽃비만 내려

이 세상 더 이상

아픔이 없길

- 〈꽃비〉 전문

  시인에게 꽃비는 낭만의 한 자락이거나 향수에 젖게 하는 노스탤지어가 아니라 "이 세상 더 이상 아픔이 없길" 바라는 치유의 염원이며 하늘에서 내려주시는 한결같은 마음, 평화의 계시를 담지하고 있다. 시편에서 자주 보이는 "별"과 "파란색"은 시인이 바라는 따뜻한 세상과 희망을 내재하고 있는바 하늘에 있는, 하늘로부터의 계시적 상관물로 이 땅을 통해 이루어질 이상적인 세계를 많은 시편을 통해 매개적 역할을 하고 있다.

  우리가 직면한 현실은 과학 시대인 것은 틀림없다. 그러나 과학만능주의에 빠질 수 없는 것은 이상 기후에 지구가 편치 않다는 사실과 아직도 어느 하나 해결되지 못하고 있는 슬픈 역사를 시인은 마주하고 있다. 이 공간 속에서 누구보다도 아파하고 몸부림치는 이웃과 가족을 만나게 된다.

　보성 삼베랑 이찬식 장인께서 시퍼렇게 멍든 가슴 속 응어리 넋두리 풀어내신다
　온 정신이 하늘로 날아가 버린 듯 멍해진당께 갈수록 무거워진 몸 삼베옷처럼 튼실한 실오라기 종이옷처럼 얇아도 고래 심줄보다 찔긴 게 인생인지 모르것당께 나비마냥 가벼워야 쓴디, 속 씨언허면 좋을 건디, 따숩고 폭신폭신 살면 좋것는디, 영 맴이 쓰려 못 살 것으라 아부지 5살 때 여의고 얼굴도 모른디 의사 선상님은 한 장남은 아부지 사진 계속 보고 생각허면 빙이 심해 여순을 생각지 말라 혼디 우짤까 모르것으라

　보고도 못 본대끼 해야 쓰고 알아도 모른대끼 허야 쓴당께라 먼 놈의 시상 와 그런가 모르것으라 연좌제 고것 땜시롱 요렇코롬 보성서 삼베 대마쟁이로 살아간 것이 일평생이 되어 뿌럿으라 베틀 위에 북 간 거 맹키로 달이 가고 해가 가는디 맴이 항상 씨려 오는 건 무신 빙인지 모르것으라 한 시상 모질게 살았제라 뭣 땜시 서로 직이고 그런지 몰랐지라 빨갱이 죄악이라 힘시롱 죄다 잡아 죽였는

디 쥑인 놈은 없고 죽은 사람만 있당게 말이 돼요

  하늘도 차마 눈 뜨고 못 보고 피 밭은 땅도 물라라 흔지 70여 년 지난 시상이 돼부렀네요 좌익 빨갱이 물들었다 무답시 허벌나게 조심허고 쥐 죽은 듯 살았지라 눈감고 귀 막고 살아온 시상이었지라 골로 간다 바른말 허면 옆구리 총 들어온다는 말 많이 들었어라 아무리 작은 목숨도 하찮게 여겨선 안 되는데 죄 없는 목숨들 무답시 다 쥑여서야 쓰것소 죽어서라도 울 아부지 한 번만 봤으면 여한이 없겠서라
                                                 - 〈한국의 매카시즘〉 전문

  여순사건이 발발한 지 벌써 76년이란 세월이 흘렀다. 아직도 특별법이 시행되지 못하고 있는 비극적 사건이다. 이찬식 장인은 삼베 일을 하는 "대마쟁이"로 여순사건의 유족이기도 하다. 어쩌면 대마쟁이 하며 숨어서 살아온 "고향 이민자" 중에 한 사람이다. 시인이 구술 채록하여 쓴 〈한국의 매카시즘〉은 이찬식 장인의 증언이며 기록물이기도 하다. 여순사건은 "보고도 못 본대끼 해야 쓰고 알아도 모른대끼" 해야 하는 침묵을 강요당한 사건이며, "연좌제"와 "빨갱이 죄악"으로 죽여도 죄가 되지

않는 사건이고, "쥑인 놈은 없고 죽은 사람만 있는" 사건이다. 5살 어린 나이에 당한 사건으로 이찬식은 지금도 아버지를 "한 번만 봤으면 여한이 없는" 잘못된 시상(세상)을 베틀에 올려놓고 보내고 있다. 그가 직조한 세월을 누가 "나비마냥 가볍고" "속 씨언허"게 만들어 줄 수 있겠는가.

지금까지 물 끝처럼 밀고 온 시인의 시(고향 - 성지 순례기 - 꽃 - 한국의 매카시즘)를 통해서 귀결되고 있는 것은 "가족(family)"에 있다. 이에 〈아궁이 한 가족〉이 절묘하다.

콩대 태워 콩 삶으니
솥 안에 콩이 울고

완두콩대 태워
완두콩 삶으니
솥 안에 완두콩
외돌아 논다

영등바람 일어
바람 죽 삶자
솥 안에 빠진 선문대 할망
허연 이 드러내 화들짝 웃네

한 배 속에서 나온 것들
서로 볶아대며
왜 죽이려 하느냐고

- 〈아궁이 한 가족〉 전문

설문대 할망을 선문대 할망이라 부르기도 하는 이 설화는 제주특별자치도의 산과 섬을 창조한 존재로 일컬어지는 설문대 할망에 관한 이야기이다. 시인은 설문대 할망의 설화 가운데 한 대목을 빌려 쓰고 있는데 "설문대 할망에게는 5백 명의 아들이 있었다. 어느 날 설문대 할망은 큰 솥에 아들들을 먹일 죽을 끓이다가 잘못해서 솥 안에 빠져 죽고 말았다. 죽을 먹던 아들들이 그 사실을 알고 크게 슬퍼하다가 영실기암의 오백 장군이 되었다고"(다음 사전) 하는 다섯 번째 이야기다. 설문대 할망 설화는 지리산의 노고 할미나 마고할미처럼 창조신

앙과 대모사상을 떠받치고 있다. 이제 백계동의 할머니는 자연스럽게 설문대 할망 설화의 자리에 놓여지며 "한 배 속에서 나온 것들/서로 볶아대며/왜 죽이려 하느냐고" 웃고 있는 할망의 웃음으로 환치되고 있다. 한 나무, 한 깍지 속에서 나온 것들(콩, 완두콩)이라는 메시지를 가지고 말이다. 어쩌면 "하느님은/허허"(〈허허〉)와 같은 양상이다. 김종옥 시인은 《울 엄니 시집가는 날》을 통해 할망의 웃음이나, 하느님의 웃음을 토대로 한 가족의 구성으로 살아갈 것을 염원하고 있는 '엄결(엄숙하고 정결한)'성으로 시의 서사를 발랄하게 끌어올리고 있다.